Cornelia Koller

Distanzreiten

Tipps für Einsteiger

CADMOS
PFERDEBÜCHER

Inhalt

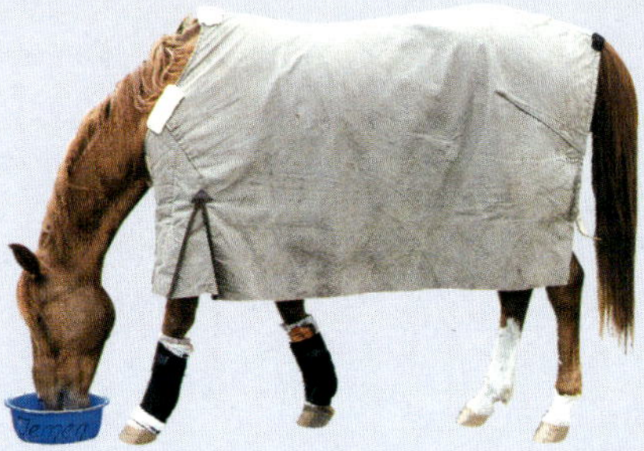

Internationale Ritte bieten Einsteigern eine gute Gelegenheit, Profis über die Schulter zu schauen.

Was ist Distanzreiten?

Distanzreiten ist nicht nur Sport. Distanzreiten ist viel mehr ein Fieber, das keinen, den es erfasst hat, wieder loslässt. Das Reiten in fremden Landschaften, das gemeinsame Bewältigen von Strecken mit dem Pferd, der Austausch mit anderen Reitern, der Hauch von Abenteuer - all das zieht immer mehr Reiter in seinen Bann.

Nüchtern betrachtet ist Distanzreiten nichts anderes als das Reiten einer vorgegebenen Strecke in einer bestimmten oder schnellstmöglichen Zeit. Außer Ausdauer von Pferd und Reiter sind dazu keine besonderen Fähigkeiten notwendig - könnte man meinen! Dass es in der Praxis aber ganz anders aussieht, zeigt sich auf dem ersten Ritt. Dann, wenn das Pferd vielleicht schneller gehen möchte als sein Reiter, beim Überholen unwirsch reagiert, die Pulswerte nicht stimmen oder es aber partout nicht saufen will. Jetzt spätestens merkt man, dass Distanzreiten wie jede andere Disziplin auch ein bestimmtes Maß an Grundausbildung erfordert.

Dieses Buch soll Ihnen eine kleine Einführung ins Distanzreiten geben und Ihnen helfen, Fehler zu vermeiden. Es soll Ihnen und Ihrem Pferd den Einstieg in eine der schönsten Pferdesportdisziplinen erleichtern und Sie beide wieder gesund nach Hause bringen. Bevor Sie an einem Distanzritt teilnehmen, ist es ratsam, per pedes einen Ritt zu besuchen und sich über den Ablauf zu informieren oder aber an einem vorbereitenden Seminar teilzunehmen.

Distanzreitern wird auch etwas fürs Auge geboten. Viele Ritte führen durch die schönsten Landschaften Europas.

Tipp

Distanzreiten unterliegt in Deutschland dem Verein Deutscher Distanzreiter und -Fahrer e. V., bei dem Sie auch das gültige Reglement anfordern können.

Zu groß und zu schwer? George Washington errang dennoch weitaus mehr Titel als andere Pferde.

Für wen ist Distanzreiten geeignet?

Zu klein? Milagro auf dem Weg zum Deutschen Meister!

Distanzreiten eignet sich im Grunde genommen für alle Pferde und Reiter, die gerne im Gelände unterwegs sind, und zwar vollkommen unabhängig von der Pferderasse oder von einer Mitgliedschaft im VDD.

Auch wenn bei großen Ritten oft die arabischen Rassen die Nase vorn haben, tummelt sich auf Ritten im Inland ein bunter Rassemix. Vom Robustpony bis zum schweren Warmblut ist alles dabei. Laufen als Anforderung kommt schließlich jedem Pferd entgegen. Arabisches Blut ist auch nicht unbedingt ausschlaggebend für die Eignung als Distanzpferd. Eines der bekanntesten Distanzpferde, George Washington, ist zum Beispiel ein englisches Halbblut, und auch der nur 144 Zentimeter große Welsh-Partbred Milagro läuft seiner arabischen Konkurrenz meist davon. Hier zeigt sich, dass weniger die Rasse als viel mehr der Spaß am Laufen und ein solider Aufbau bedeutend für die zukünftige Karriere eines Distanzpferdes sind.

Um eine Überforderung des Pferdes zu vermeiden, gibt es für die unterschiedlichen Streckenlängen ein Mindestalter. Pferde unter fünf Jahren oder Tiere, die den Zahnwechsel noch nicht abgeschlossen haben, sind zum Beispiel von Wettbewerben generell ausgeschlossen. Diese Altersbegrenzungen folgen den physischen Gesetzmäßigkeiten wie zum Beispiel der Tatsache, dass sich die Knochenfugen des Pferdes erst mit etwa sieben Jahren geschlossen haben und es erst dann seine volle Belastbarkeit erlangt hat. Deshalb beträgt das Mindestalter für Einführungsritte fünf, für kurze und mittlere Distanzen sechs und für lange Distanzen sieben Jahre.

immer die Streckenkarte (in der Regel Maßstab 1:50.000, seltener 1:25.000), die jedem Teilnehmer vor dem Start ausgehändigt wird. Etwas Erfahrung im Umgang mit einer topographischen Karte und gegebenenfalls einem Kompass ist deshalb ratsam.

Ein typischer Distanzsattel, „gepackt“ mit Nierendecke, Schwamm und Täschchen für kleine Utensilien.

Ausrüstung

Alle Ausrüstungsteile sind durch die Beanspruchung besonderer Belastung ausgesetzt. Regelmäßige Kontrollen ihrer Funktionstüchtigkeit sind unerlässlich, ebenso das Mitführen von Ersatzstücken im Fahrzeug. Neue Utensilien haben auf Distanzritten nichts zu suchen, zu groß wäre die Gefahr von Scheuerstellen. Verwenden Sie deshalb nur Dinge, die sich auch im Training bewährt haben.

Sattel

Für Ihren ersten Distanzritt brauchen Sie sich nicht gleich eine Spezialausrüstung zuzulegen. Viel wichtiger ist ein gut passender Sattel, der weder Ihnen noch Ihrem Pferd Probleme bereitet.

Ein guter Distanzsattel zeichnet sich durch folgende Punkte aus:

- Eine große Auflagefläche, die den Druck flächig und nicht punktuell verteilt.
- Eine gute Qualität und Verarbeitung, weil das Zubehör bei Streckenritten einer besonderen Belastung ausgesetzt wird.
- Eine eher flache Sitzfläche mit niedrigem Vor- und Hinterbau für die Bewegungsfreiheit des Reiters.
- Eine variable Dreipunktgurtung, mit der sich der Gurt der Gurtlage des Pferdes anpassen lässt.
- Ein ausgewogener Schwerpunkt für den ermüdungsfreien Schwebesitz.
- Steigbügel mit großer Trittfläche, die Schmerzen an den Fußsohlen verhindern.
- Ein nicht unnötig schweres Gesamtgewicht zur Entlastung des Pferdes.
- Ausreichend viele Befestigungsmöglichkeiten für Schwamm, Hufkratzer, Regenkleidung und andere Utensilien.

Satteldecke und Sattelgurt

Auf Distanzritten kommen heute die unterschiedlichsten Materialien zum Einsatz. Während die einen Reiter auf High-Tec-Materialien schwören, bevorzugen die anderen natürliche, schweißaufsaugende Stoffe. Wichtig ist vor allem, dass das

Ob man sein Pferd gebisslos reiten darf, ist auch eine Versicherungsfrage. Nachfragen ist ratsam.

Material vom Pferd auch bei starker Schweißbildung gut vertragen wird und keine Falten wirft. Die Decke sollte so groß geschnitten sein, dass sie überall unter dem Sattel einige Zentimeter hervor sieht und das Gepäck, sei es auch nur eine Pferdedecke, unterpolstert. Auch der Sattelgurt sollte so beschaffen sein, dass die Schnallen nicht mit dem Fell in Berührung kommen.

Zubehör

Ein gut passender Sattel sollte im Grunde genommen so sitzen, dass Vorderzeug und Schweifriemen auch in bergigem Gelände unnötig sind. Kommt der Sattel aber aufgrund einer schlechten Sattellage doch ins Rutschen, so sollte man gepolsterte Vorderzeuge bevorzugen, die über einen anatomischen Schnitt verfügen.

Während Bandagen im Gelände ungeeignet sind, sind Gamaschen und Streifkappen umstritten. Wer um sie nicht herumkommt oder die Beine seines Pferdes vor Kleinholz schützen möchte, sollte sie spätestens bei jedem Stopp abnehmen, gut säubern und die Beine auf Scheuerstellen inspizieren.

Zaumzeug

Im Gegensatz zu anderen Disziplinen ist auf Distanzritten erlaubt, was gefällt. Doch generell gilt auch hier der Grundsatz: je milder, desto besser. Stangenzäumungen haben zwar den Vorteil, dass sie einhändig zu reiten sind, hindern aber oft die Pferde daran, aus engen Eimern zu saufen. Wer am Start zur Sicherheit lieber eine schärfere Zäumung bevorzugt, der darf später an jedem beliebigen Punkt umzäumen. Auch gebisslose Zäumungen sind erlaubt, die dem Pferd die Futter- und Wasseraufnahme erleichtern. Hier muss sich der Reiter aber die Frage der Verkehrssicherheit stellen und sich gewiss sein, sein Pferd im Griff zu haben.

Die so genannten Wanderreittrensen bieten den Vorteil, dass man am Pferdekopf stets eine Anbindevorrichtung hat. Aus Nylon oder Biothane sind sie besonders pflegeleicht. Diese Materialien haben auch den Vorteil, dass sie weniger leicht scheuern.

Bei den Zügeln sollten Sie auf Griffigkeit achten. Gerade nasse Lederzügel können den Ritt schnell zur Qual werden lassen.

Leichte, atmungsaktive Kleidung, die keine Scheuerstellen hervorruft, ist besonders praktisch.

Verboten sind übrigens das atembeengende hannoversche Sperrhalfter, alle direkt auf das Gebiss wirkenden Arten von Hilfszügeln und das Tie Down.

Kleidung des Reiters

Hier zählt die Zweckmäßigkeit. Längst haben auch im Reitsport leichte, atmungsaktive Materialien Baumwolle und Wolle abgelöst. Aus gutem Grund: Sie sind deutlich leichter, transportieren den Schweiß nach außen weiter, ohne sich selbst voll zu saugen, und trocknen sehr schnell. Wer schon einmal 60 Kilometer in nasser, kneifender Baumwollunterwäsche oder in feuchten Baumwollsocken geritten ist, wird diese Aspekte bei seiner gesamten Kleidung berücksichtigen.

Tipp

Wenn Sie trotz verschiedener Materialien Probleme mit Scheuerstellen haben, versuchen Sie es mal mit „tapen“: Spezielle Klebebänder aus der Apotheke können Sie leicht überlappend direkt auf die Haut kleben, wodurch diese geschützt bleibt.

Spezielle Distanzreithosen verzichten nicht nur auf unnötige Nähte, sondern haben auch statt des Knieleders eine glatte Stoffverstärkung an der Knieinnenseite: das Rutschen der Knie am Sattel ist im Schwebesitz erwünscht, weil es Scheuerstellen an den Kniekehlen vorbeugt. Wer hier Probleme hat, kann unter der Reithose zudem Leggings aus Microfaser tragen, wodurch sich die Reibung zwischen die Stoffschichten verlagert.

Westen haben sich aufgrund der Taschen, aber auch des Schutzes gegen Zugluft an den Nieren als ungeheuer praktisch erwiesen. Die Check-Karte und andere wichtige Utensilien sollte man aber trotzdem besser in einer kleinen Bauch- oder Gürteltasche aufbewahren, in der sie auch bei Regen gut geschützt sind. Regenkleidung darf nie fehlen. Den Knöchel umschließende Schuhe mit leichter Profilsohle und kleinem Absatz verhindern nicht nur das Durchrutschen durch den Steigbügel, sondern ermöglichen auch das Laufen. Besonders beliebt sind leichte Gore-Tex-Schuhe aus dem Trekkingbedarf. Dass man trotz der fehlenden Vor-

Auch beim Distanzreiten gilt: es gibt kein schlechtes Wetter, nur die falsche Kleidung. Foto: Holger Schacht

schrift aus Sicherheitsgründen nicht auf eine solide Sturzkappe mit Dreipunktverschnallung verzichten sollte, versteht sich von selbst. Auch wenn Sie zuhause vielleicht ohne Handschuhe reiten, sollten Sie auf Ihrem ersten Distanzritt nicht darauf verzichten. Sie wissen noch nicht, wie Ihr Pferd reagieren wird, und Blasen an den Händen können den schönsten Ritt verderben.

Was heisst aerob und anaerob?

Dies sind zwei Formen der Energiegewinnung. Für Ausdauerdisziplinen ist nur der aerobe Stoffwechsel effektiv. Die Schwelle von aerob zu anaerob liegt etwa bei Puls 200, ist aber exakt nur durch Laktatmessungen zu bestimmen. Im Leistungssport versucht man deshalb, durch gezieltes Training die Schwelle nach oben zu verschieben.

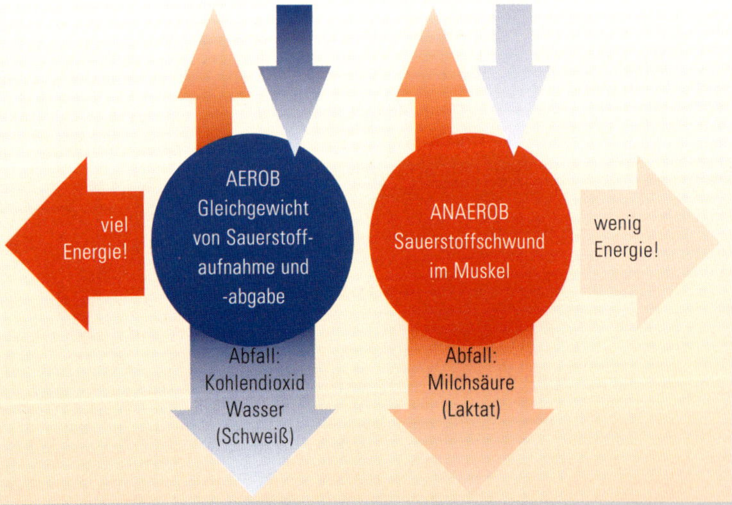

Training

Wie fit muss mein Pferd für rund 30 Kilometer sein?

Fragen Sie zehn Distanzreiter, wie viel sie ihre Pferde trainieren, so werden Sie zehn verschiedene Antworten erhalten. Kein Pferd ist wie das andere, weshalb pauschale Trainingspläne niemals richtig sein können.

Einen Ritt über 30 Kilometer müsste in vernünftigem Tempo jedes gesunde Pferd laufen, das täglich ein bis zwei Stunden geritten wird. Während unter der

Woche schon der Beruf zeitliche Grenzen setzt, kann man das Wochenende für längere Touren in ruhigerem Tempo nutzen. Am besten misst man zuhause auf der topographischen Karte eine 20 bis 30 Kilometer lange Strecke aus, um ein Gefühl für die Länge zu gewinnen.

Beantworten Sie sich vor dem Training realistisch die folgenden Fragen:

1. Wie oft reite ich in der Woche?
2. Wie lang sind meine Ritte (Zeit)?
3. Wie viele Kilometer reite ich pro Mal?
4. Wie abwechslungsreich ist mein Reitpensum?
5. Wie lang (Kilometer) sind meine häufigsten Ausreitstrecken?

Nun können Sie sich Ihr Ziel definieren:

Kurzfristig: Bis zu welchem Zeitpunkt soll mein Pferd wie leistungsfähig sein?

Langfristig: Welche Streckenlängen möchte ich in Zukunft reiten?

Wenn Sie sich über Ihre Ziele klar geworden sind, können Sie anhand der nachfolgenden Grundprinzipien bewusst darauf hin arbeiten. Die wichtigste Trainingsform ist das Ausdauertraining, bei dem Sie langsam die Streckenlängen erhöhen. Das Intervalltraining ist nur bereits gut trainierten Pferden vorbehalten und bedarf der strikten Überwachung. Mit diesem Thema sollten Sie sich erst dann befassen, wenn Sie höher hinaus wollen.

Richtwerte Puls

Der Puls des Pferdes hat einen sehr großen Spielraum. Die folgenden Werte sind lediglich grobe Anhaltspunkte, sie können von Pferd zu Pferd sehr variieren.

Ruhe	30-50	schneller Trab	100-160
Schritt	50-90	Kantergalopp	120-170
Trab	80-125	Galopp	160-200

Wenn das linke Vorderbein leicht vorgestellt ist, kann man einfacher messen.

Puls

Viele Anfänger betrachten den Puls als alleinigen Indikator für die Fitness ihrer Pferde. Dies ist ein fataler Irrtum. Er ist nur ein Indiz, mehr nicht.

Man unterscheidet:

Ruhepuls, Laufwert, der vom Grad der Anstrengung sowie der Gangart abhängig ist, Eingangswert, der direkt bei Ankunft im Stopp oder im Ziel gemessen wird, und Erhol- oder Regenerationswert, der nach 20 Minuten maximal 64 Schläge pro Minute betragen darf.

Über die Fitness gibt sowohl die Zeit bis zum Erreichen des Erholwertes als auch das Verhältnis von Eingangswert zu Erholwert Auskunft. Ein Pferd mit Eingangspuls von 100, der innerhalb von fünf

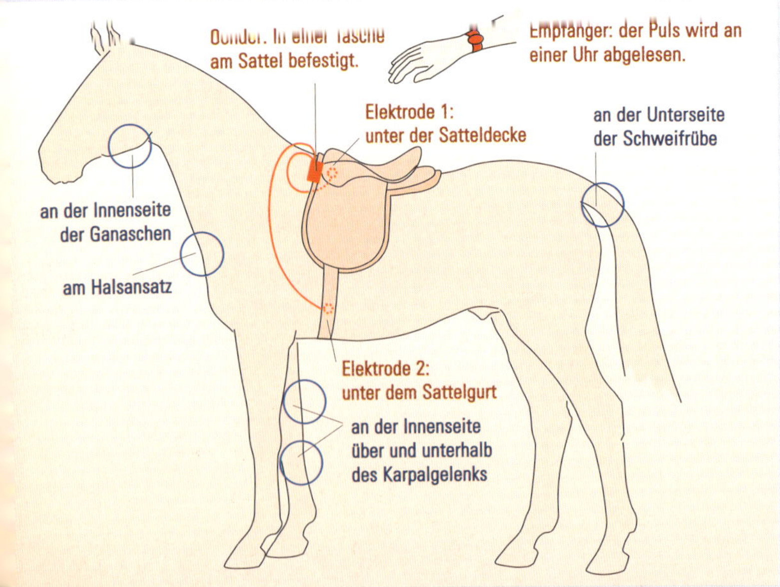

Mit Zeige- und Mittelfinger kann man an den blau gekennzeichneten Körperpartien den Puls des Pferdes fühlen. Das Pulsmessgerät wird am Sattel, die Elektroden werden unter der Satteldecke und am Gurt angebracht. Abzulesen ist der Puls an einer Uhr am Handgelenk des Reiters.

Pulsmessung

Es gibt drei Möglichkeiten, den Puls des Pferdes zu messen: mit der Hand, dem Stethoskop und dem elektronischen Pulsmessgerät. Während man bei der Handmessung oder der Messung mit dem Stethoskop anhalten und absteigen muss, kann man mit dem elektronischen Pulsmessgerät die Höhe des Pulsschlags auch in der Bewegung ablesen. So lernt man schon während des Trainings die normalen Werte seines Pferdes kennen.

Minuten auf 64 sinkt, ist sicher trainierter als ein anderes, das einen Eingangspuls von 72 hat, der nach 20 Minuten aber auch erst auf 64 gefallen ist.

Die Höhe des Laufwertes ist nicht nur von der Anstrengung, sondern von vielen anderen Faktoren abhängig: Witterung, Rasse des Pferdes, Jahreszeit (Winterfell?), Trainingsstand und individuelle Veranlagung.

Beim Messen sollte Ruhe herrschen, da Aufregung den Puls beschleunigt.

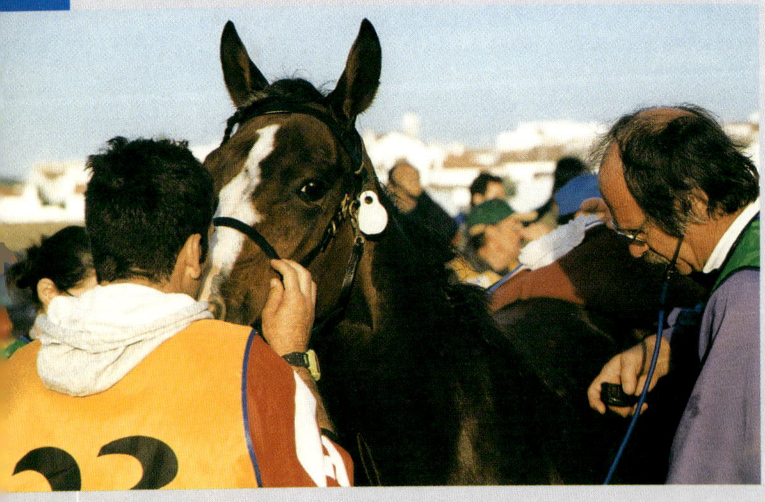

Trainingskontrolle

Während der gesamten Trainingsphase sollten Sie Ihr Pferd aufmerksam beobachten. Ist es lauffreudig, motiviert, munter, ausgeglichen und macht es einen gesunden Eindruck, dann sind Sie auf dem richtigen Weg. Führen Sie Pulskontrollen (Laufwerte und Regenerationswerte) durch. Bei einem erfolgreichen Training werden die Werte langsamer ansteigen, die Laufwerte bei gleicher Belastung niedriger sein und das Pferd wird schneller regenerieren.

Zeichen der Überforderung hingegen können sein: Muskelkater (Microschäden durch Übersäuerung), starke Gewichtsabnahme, Beinprobleme und Lustlosigkeit. Die Pulswerte werden nur langsam sinken oder der Puls nach der Belastung schwanken. Dann sollten Sie Ihr Training deutlich reduzieren.

Aufwärmen und Abkühlen

Jeder Belastung sollte eine mindestens 20-minütige Aufwärmphase vorangehen, um den Organismus auf die gewünschte „Betriebstemperatur" zu bringen. Dabei werden Blutdruck und Temperatur erhöht, Stoffwechsel und Gelenkschmiere aktiviert. Dehnübungen, gymnastizierende Übungen, Schritt- und kurze, leichte Trabphasen bereiten das Pferd auf die Belastung vor. Nach dem Ritt sollte man dem Pferd immer ausreichend Zeit zum Abkühlen geben. Die leichte Bewegung leitet jetzt schon die Regenerationsphase ein, vermeidet Muskelprobleme und baut Milchsäure ab.

Langsame Steigerung der Anforderung

Training ist nichts anderes als eine gezielte Anpassung des Organismus an die zunehmende Belastung. Durch das wiederholte Setzen eines Reizes stellt sich der Körper auf die zu erwartende Belastung ein. Diese Anpassung erfolgt nicht linear, sondern erfordert Zeit. Steigern Sie deshalb die Belastung nicht täglich, sondern erst dann, wenn das Pferd die Anforderung gut erfüllen kann. Die Anpassung der einzelnen Gewebestrukturen ist unterschiedlich. Konditionell ein Pferd aufzubauen, klappt binnen vier bis acht Wochen. Muskeln benötigen mehrere Monate, Sehnen, Bänder und Knochen sogar zwei bis drei Jahre. Diese physiologischen Grundsätze sind wichtig für alle, die später längere Strecken ins Auge fassen. Ziel eines Trainings ist schließlich der langfristige Erfolg, bei dem die Gesundheit des Pferdes oberste Priorität hat.

Im Winter ist aktive Erholung gefragt: leichte, abwechslungsreiche Bewegung.

Häufigkeit vor Umfang vor Intensität

Reiten Sie Ihr Pferd lieber häufig anstatt ein Mal in der Woche lange. Am besten sogar ein bis zwei Mal täglich. Erst dann sollten Sie langsam den Umfang (Streckenlänge und Dauer) steigern. Der letzte Schritt ist schließlich die Steigerung der Intensität (Grad der Anstrengung). Je länger die Strecke, desto ruhiger wählen Sie das Tempo. Oder: je intensiver, desto kürzer. Lange Touren sollten Sie also immer langsam angehen.

Dressurarbeit fördert Koordination und Beweglichkeit des Pferdes. Das Distanzpferd Partout hat es in beiden Disziplinen weit gebracht.

Hilfreich: das Trainingsbuch

Um einen guten Überblick zu behalten, empfiehlt sich das Trainingsbuch. Tragen Sie die ungefähre Belastung (Streckenlänge, Dauer Gangarten, Zeiten), das Wetter und die Pulswerte ein. So haben Sie Vergleichsdaten.

Der Faktor Abwechslung

Um den Spaß an der Sache zu erhalten, sollten Sie das Training abwechslungsreich gestalten. Suchen Sie sich unterschiedliche Trainingsrunden auf verschiedenen Böden aus, variieren Sie die Tempi, reiten Sie mit Freunden in einem anderen Gelände, vergessen Sie nicht die Dressur- und Springgymnastik, arbeiten Sie auch vom Boden oder longieren Sie und gehen Sie auch nur ganz einfach mal mit Ihrem Pferd spazieren.

Gangart und Sitz

Die Gangart

Die wichtigste Gangart ist ohne Zweifel der Trab, weil er im Gegensatz zum Galopp weder Kreislauf noch Beine überstrapaziert. Natürlich ist auf einem schönen Weg nichts gegen einen Galopp zur Lockerung der Muskulatur einzuwenden. Es gibt auch Pferde, die den Galopp bevorzugen und dabei einen niedrigeren Puls haben. Schritt wird auf einem Distanzritt vorwiegend auf schlechten oder abschüssigen Wegstrecken, vor den Rittunterbrechungen oder zu Regenerationsphasen genutzt. Etwa dann, wenn man den Eindruck hat, dass das Pferd eine kleine Pause braucht.

Mysterium Schwebesitz

Ziel des Reiters sollte es sein, dem Pferd die Arbeit so leicht wie möglich zu machen. Die meisten Distanzreiter gebrauchen im Trab den Schwebesitz, der im Grunde genommen nichts anderes als der klassische Entlastungssitz ist. Dazu sollten die Bügel so lang verschnallt werden, dass die Gelenke des Reiters noch gut gewinkelt sind, damit er in den Bügeln stehend die Bewegung mit Knöchel, Knie und Hüfte abfedern kann. Der Oberkörper gelangt nur minimal vor die Senkrechte, das

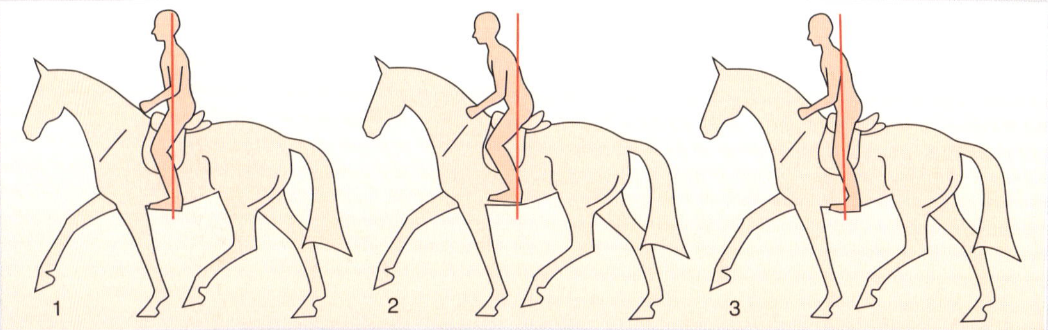

1. Beim korrekten Schwebesitz hat das Gesäß bei langen Bügeln noch etwas Kontakt zur Sitzfläche, der Oberkörper gelangt nur wenig vor die Senkrechte.
2. Bei zu kurzen Bügeln muss der Oberkörper weit vor die Senkrechte genommen werden.
3. Die Beine nach hinten weggestreckt, der Oberkörper vor der Senkrechten.

Gesäß wird zwar nicht belastet, hat aber noch leichten Kontakt zum Sattel. So verteilt sich das Gewicht nicht nur auf die Bügel, sondern auch auf die Oberschenkel.

Viele Reiter haben anfangs Schwierigkeiten mit dem Sitz. Wechseln Sie ihn im Training ganz einfach mit Leichttraben ab - dies ist auch für Ihre Knochen die schonendste Variante. Wer lieber nur leichttrabt, muss regelmäßig die Hand wechseln und den Rücken auf eventuelle Empfindlichkeiten kontrollieren.

Ohne Huf kein Pferd - Beschlagstipps

Die meisten Veranstalter empfehlen zu Recht einen Hufschutz, da das unterschiedliche Geläuf einer Strecke auch hartgesottene Barhufgänger ins Schwitzen bringen kann. Wer trotzdem darauf verzichten möchte, sollte sich vorher beim Veranstalter über die Qualität des Bodens informieren und muss gegebenenfalls Zeitverluste durch ein langsameres Tempo in Kauf nehmen.

Ein frischer oder überfälliger Beschlag kann auf tiefem Boden schon mal verloren gehen und durch die Belastung gesundheitliche Probleme provozieren, etwa dann, wenn die Zehe zu lang ist. Im Idealfall wechselt man sieben bis zehn Tage vor dem Ritt den Hufschutz, damit dieser bereits eingelaufen ist. Regelmäßige Beschlagstermine im Turnus von sechs bis acht Wochen sind nebenbei wichtig für die Gesunderhaltung des Pferdes.

Während man im Distanzsport wegen des Stoßdämpfereffektes häufig auf Kunststoffbeschläge ausweicht, sind Stollen unerwünscht, da sie auf hartem Boden die Stellung des Pferdes verändern. Auf rutschigem Boden sollte man kleinen Widiastiften den Vorzug geben.

Egal, ob man sich für traditionelle Eisen oder alternative Beschläge entscheidet, wichtig sind immer Turnus und Termin.

Zwar stehen bei den meisten Veranstaltungen Hufschmiede zur Verfügung, doch spart ein bereits angepasster Ersatz-Beschlag enorm viel Zeit. Lassen Sie sich deshalb von Ihrem Schmied einen Reserve-Satz fertigen. Geeignet sind auch bereits gebrauchte Beschläge, die sich in einem noch guten Zustand befinden.

Gras enthält Wasser, Elektrolyte und Rohfaser und eignet sich deshalb besonders gut für die Fütterung unterwegs.

Fütterung und Tränken

Die richtige Fütterung des Pferdes ist ein bücherfüllendes Thema, mit dem sich jeder Pferdebesitzer beschäftigen sollte - hier ist leider nur Platz, auf die wichtigsten Aspekte einzugehen. Nutzen Sie Fütterungsseminare und Computerprogramme, um die bedarfsgerechte Fütterung Ihres Pferdes zu gewährleisten.

Das Pferd verfügt über eine komplizierte Verdauung. Hat es größere Mengen gefressen, so sind Magen und Darm gut durchblutet. Würden Sie jetzt Leistung verlangen, so verändert sich die Blutverteilung. Es wird nun in den Kapillaren zum lebenswichtigeren Temperaturausgleich benötigt und fehlt im Darm. Die Folge: Kolik.

Wenn im Stopp das Gras fehlt, sollte man dem Pferd auf längeren Strecken Heu anbieten.

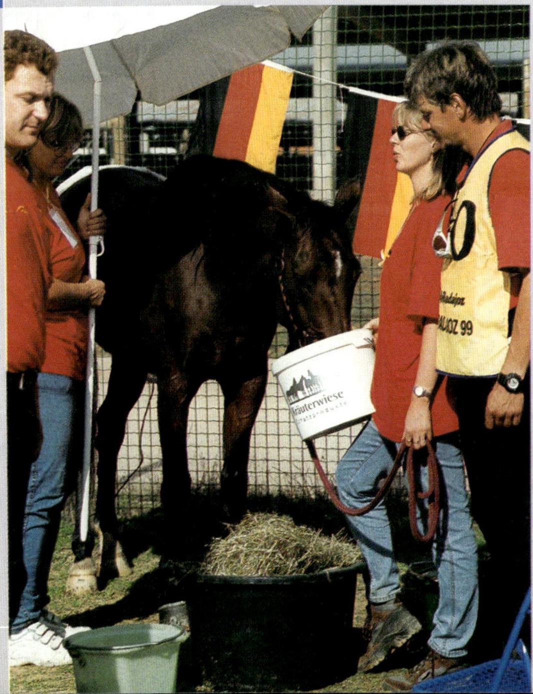

Anhand dieser sehr vereinfachten Darstellung wird klar, dass Ihr Pferd bereits zwei bis drei Stunden vor dem Ritt sein Kraftfutter fressen muss. Heu und Gras hingegen darf es auch noch bis kurz vor dem Start knabbern. Im Ziel ist es umgekehrt. Reichen Sie ihm Wasser, Gras und Heu, Kraftfutter aber erst einige Stunden später. Und: Füttern Sie nur die Futtermittel, die Ihr Pferd gewohnt ist!

Auf einem 30 Kilometer langen Ritt braucht ein Pferd nicht unbedingt zu fressen, auf längeren Strecken ist es hingegen lebensnotwendig. Füttern Sie in den Stopps Gras, wodurch es Wasser, Elektrolyte und wichtige Rohfaser erhält. Diese können Sie auch durch angefeuchtetes Heu reichen, das im Darm zudem als Wasserspeicher fungiert.

Kraftfutter sollte nur in geringen Mengen verfüttert werden und leicht verdaulich sein (zum Beispiel Mash, Hafer, Maisflakes, eingeweichte Rübenschnitzel). Saftfutter wie Äpfel, Möhren und Bananen enthalten Wasser und regen den Appetit an.

Viel wichtiger als das Futter ist bei einem Distanzpferd Wasser, da es je nach Witterung auch auf kürzeren Strecken bis zu 30 Liter Schweiß verlieren kann. Gleicht es den Wasserverlust nicht ständig aus, kommt es zu Problemen.

Bieten Sie Ihrem Pferd deshalb nicht nur in den Stopps, sondern auch auf der Strecke viele Möglichkeiten zu trinken - notfalls auch aus sauberen Pfützen und Bächen. Nach wie vor hält sich die Meinung, kaltes Wasser wäre für ein heißes Pferd lebensbedrohlich. Wäre es so, dann würden Distanzpferde reihenweise tot umfallen. Richtig ist, dass man es nach dem Trinken bewegen muss, damit ein Temperaturausgleich stattfindet. Lassen Sie deshalb Ihr Pferd trinken, so viel und so oft es will, und feuchten Sie alle Futtermittel an.

Was tun, wenn Ihr Pferd nicht trinken will? Viele Pferde trinken vor allem nach der Pause, wenn sie etwas gefressen haben. Nutzen Sie also die erste Gelegenheit nach dem Stopp. Manchmal ist es auch ratsam, das Wasser schmackhafter zu machen, indem man Apfelstücke ins Wasser wirft.

Erfahrene Distanzpferde nutzen jede Gelegenheit zum Trinken.

Auf kurzen Strecken ist eine Elektrolytgabe im Grunde genommen unnötig. Achten Sie vielmehr darauf, dass Ihr Pferd im Vorfeld gut versorgt ist. Möchten Sie während des Rittes trotzdem nicht darauf verzichten, dann dürfen Sie Elektrolyte erst geben, wenn Ihr Pferd ausreichend getrunken hat. Sonst erreichen Sie die gegenteilige Wirkung.

Der Tränkeimer muss immer groß genug sein, damit sich das Zaumzeug nicht verhaken kann.

Wie funktioniert die Tierarztuntersuchung?

Beim Distanzreiten fungiert der Tierarzt als Richter. Sein Wort gilt, Widerspruch ist zwecklos. Präsentieren Sie ihm Ihr Pferd deshalb so gut wie möglich: sauber geputzt, ohne Stroh im Schweif, mit ausgekratzten Hufen. Bei der Vor- und der Nachuntersuchung wird das Pferd nackt, also ohne

Erfahrene Distanzreiter sehen den Tierarzt nicht nur als Richter, sondern als Berater.

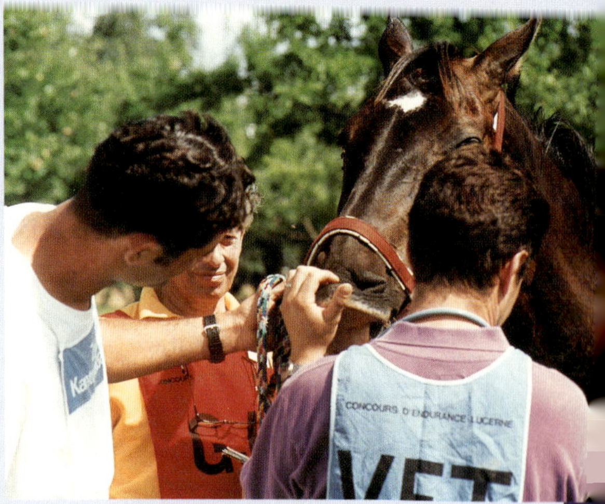

An der Kapillarfüllung wird die Durchblutung geprüft.

Sattel und Gamaschen vorgestellt, bei Rittunterbrechungen darf in den meisten Fällen der Sattel auf dem Pferd bleiben. Zuerst untersucht der Tierarzt das Pferd im Stand:

Schleimhäute: Im Normalfall sind sie rosa, bei Überanstrengung rot. Eine blasse Farbe ist oft ein Indiz für beginnende Kreislaufprobleme.

Kapillarfüllung am Zahnfleisch: Füllt sich die Druckstelle langsamer als in ein bis zwei Sekunden, so ist die Durchblutung mangelhaft.

Hautfaltentest: Am Hals, besser noch an der Schulter, wird eine Falte gezogen. Eine Austrocknung (Dehydratation) ist dann zu befürchten, wenn sich die Hautfalte nicht binnen ein bis zwei Sekunden zurückbildet.

Darmgeräusche: Stille im Darm lässt eine Kolik befürchten.

Rücken und Gurtlage: Liegen Druckstellen vor oder ist das Pferd rückenempfindlich?

Beine und Hufe: Sind sie heiß oder geschwollen? Sind Gallen, Überbeine, Wunden, Narben oder Verletzungen feststellbar? Ist der Beschlag in Ordnung?

Allgemeinzustand: In welchem Futterzustand ist das Tier? Wirkt es vielleicht müde oder apathisch?

Das korrekte Vorführen des Pferdes ist für den Tierarzt wichtig zur Beurteilung des Gangwerks.

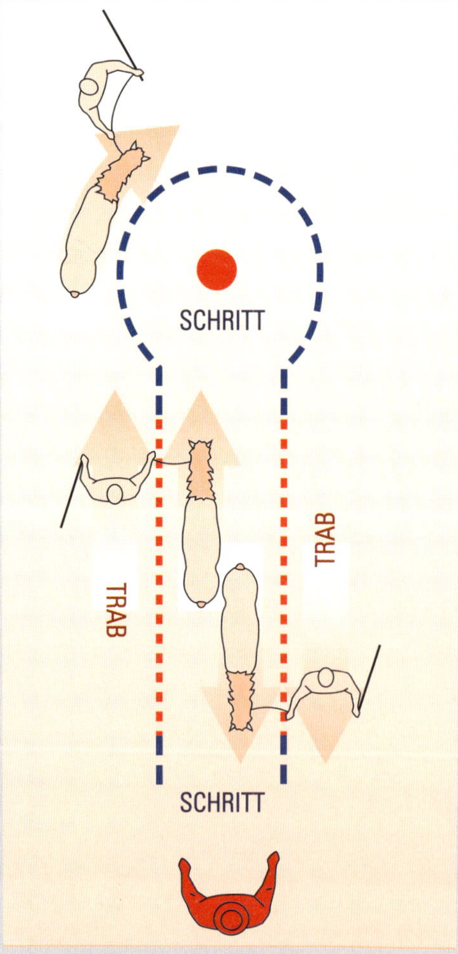

Nun folgt das Vorführen des Pferdes. Gehen Sie die ersten Meter im Schritt, traben Sie dann bis zum Wendepunkt. Parieren Sie durch, wenden Sie das Pferd in großem Bogen nach rechts, gehen Sie Schritt, bis das Pferd gerade gerichtet ist, und traben Sie dann bis wenige Meter vor dem Tierarzt. Was hier so einfach klingt, ist in der Praxis gar nicht so einfach.

Worauf es ankommt: Das Pferd soll am lockeren Strick neben dem Reiter laufen, damit der Tierarzt die Gänge beurteilen kann. Läuft der Reiter vor dem Pferd oder hat er es am zu kurzen Strick, ist eine Beurteilung unmöglich.

Im Idealfall bleibt der Reiter auf der Kopfhöhe des Pferdes. Drängelt sich das Tier vorbei, so wird es schräg und nicht gerade laufen. Das Antreiben fauler Pferde mit einer Gerte ist nur auf Anordnung des Tierarztes erlaubt. Ein abruptes Abbremsen und das Antraben direkt aus der Wendung heraus kann Beinprobleme provozieren. Üben Sie mit Ihrem Pferd zuhause in Ruhe das korrekte Vorstellen. Bald wird es wissen, was von ihm verlangt wird.

Druckstellen an Gurt- oder Sattellage können das Aus bedeuten.

Korrekt am lockeren Strick vorgestellt.

Schlecht: Das Pferd eilt davon und läuft schief.

Sonderuntersuchung Ridgewaytrot

Diese Untersuchung gibt Aufschluss über beginnende veränderliche Prozesse. Zuerst werden die Pulswerte des Pferdes gemessen, das Pferd wird über eine 40 Meter lange Strecke hin und wieder zurück getrabt, dann wird exakt 60 Sekunden nach dem ersten Messen wieder der Puls genommen. Ist das Pferd gesund, so variieren die Werte bis maximal vier Schläge pro Minute. Schnellen sie auf acht oder mehr Schläge hinauf, so ist der Anstieg mit einem akuten Schmerzzustand zu begründen und der Tierarzt wird Ihnen raten, den Ritt abzubrechen. Da der Test relativ einfach durchzuführen ist, können Sie ihn in den Pausen oder unterwegs auch selbst zur Kontrolle nutzen.

Tempo und Rittunterbrechungen

Tempo

Wie schnell ein Distanzritt zu reiten ist, ist nicht nur vom Trainingszustand des Pferdes, sondern auch vom Schwierigkeitsgrad der Strecke abhängig. Es gibt Ritte, die in Tempo 5 gewonnen werden und andere, bei denen die Spitzenzeiten unter Tempo 3 liegen. Kürzere Ritte werden meist in höherem Tempo als längere geritten.

Pausen sollten Pferd und Reiter nutzen, um zur Ruhe zu kommen. Foto: Holger Schacht

Radarfallen werden nur auf kürzeren Ritten eingesetzt, um das Tempo zu bremsen.

Was bedeutet Tempo?

Die Geschwindigkeit wird selten in Kilometer pro Stunde, sondern meist in Tempo gemessen. Die Tempoangabe bezieht sich auf die Minuten pro Kilometer. Tempo 5 heißt also, einen Kilometer in durchschnittlich fünf Minuten zu reiten.

Tempo 3	333 m/Minute	20 km/h
Tempo 4	250 m/Minute	15 km/h
Tempo 5	200 m/Minute	12 km/h
Tempo 6	167 m/Minute	10 km/h
Tempo 7	145 m/Minute	8,6 km/h

Art der Rittunterbrechungen

Auf der Strecke gibt es verschiedene Arten von Rittunterbrechungen. Der Reiter ist selbst für die Zeiten verantwortlich, weshalb man die Uhr im Auge behalten sollte. Man unterscheidet angekündigte und unangekündigte Kontrollen. Bei angekündigten Kontrollen gilt der Pulsgrenzwert 64 nach 20 Minuten.

Pause: Es wird der Eingangswert genommen und nach 20 Minuten nachgemessen.

Vet-Gate: Es wird kein Eingangswert genommen. Der Reiter hat nach Erreichen des Gates 20 Minuten Zeit, sein Pferd den Tierärzten vorzustellen. Der Puls darf höchstens 64 betragen. Die Zeit zwischen Ankunft im Vet-Gate und dem Vorstellen des Pferdes wird als Reitzeit gewertet, erst danach beginnt die eigentliche Pause.

Vet-Check: Analog Vet-Gate, nur ohne Pause.

Vorbeitrab (Trot-by): Keine Pulskontrolle, der Tierarzt prüft lediglich das Gangwerk des Pferdes.

Bei unangekündigten Kontrollen (Radarfallen) darf das Paar weiter, sobald das Pferd den Puls 72 (innerhalb von zehn Minuten) erreicht hat. Sonst gilt der Grenzwert 64 nach 20 Minuten.

Der Grenzwert kann laut Ausschreibung oder Vorbesprechung verschärft werden. Liegt der Puls nach der erlaubten Zeit höher, scheidet das Paar aus.

Gesundheitliche Aspekte

Je wärmer das Wetter, je größer der Schweißverlust, desto wichtiger sind häufige Gelegenheiten zum Tränken

Jede Leistungsanforderung hat auch ihre Gefahren. Deshalb ist es besonders wichtig, dass der Reiter jede Anomalie im Verhalten sofort erkennen kann. Die häufigsten Probleme sind natürlich Lahmheiten - vom einfachen Vertreten über Zerrungen bis hin zu Muskelproblemen, die sich auf das Gangwerk auswirken.

Weitaus gravierender sind die metabolischen Probleme, die häufig eine tierärztliche Versorgung erfordern. In vielen Fällen ist ein hoher Wasserverlust (Dehydratation) die Ursache von Koliken, manchmal auch Stress, Erschöpfung oder aber das falsche Futter zum falschen Zeitpunkt. Viele Koliken treten erst im Ziel auf. Behalten Sie deshalb Ihr Pferd auch nach dem Ritt noch im Auge.

Dehydratation kann auch für sich allein zu ernsthaften Problemen führen, weshalb das häufige Tränken des Pferdes so wichtig ist. Als weitere Folge der Austrocknung ist der Hitzschlag zu nennen.

Das Tying-up-Syndrom ähnelt den Symptomen eines Kreuzverschlages, tritt aber nicht nach der Belastung, sondern während des Rittes auf. Daran können Sie beginnende Probleme erkennen: Stolpern (mangelnde Koordinationsfähigkeit), Apathie, Appetitlosigkeit, Durchfall, unwilliges Vorwärtsgehen, eine langsame Regeneration oder Ansteigen der Pulswerte im Stopp und Veränderungen im Bewegungsablauf. Wenn Sie feststellen, dass sich Ihr Pferd nicht normal verhält, dann sollten Sie unbedingt den Tierarzt konsultieren. Eine Behandlung des Pferdes führt zwar zum Ausschluss aus dem Wettbewerb, kann aber für Ihr Pferd lebenswichtig sein.

Alle Tierarztuntersuchungen auf einen Blick

Art	Pause	1. Pulsmessung	2. Pulsmessung	Grenzwert	Untersuchung
Voruntersuchung	nein	bei Untersuchung	--	64	ja
Pause	ja	sofort	nach 20 Min.	64 nach 20 Min.	bei 2. Messung
Vet-Gate	ja	Vorstellen bei Puls 64 oder darunter innerhalb von 20 Min.		64	ja
Vet-Check	nein	Vorstellen bei Puls 64 oder darunter		64	oft Gangwerk
Trot-by	nein	keine Messung	keine Messung	--	Gangwerk
Radarfalle	nein	sofort, Weiterreiten bei Puls 72		72/10, 64/20 Min.	nein
Zieleinlauf	nein	sofort	nach 20 Min.	64 nach 20 Min.	nein
Nachuntersuchung	nein	bei Untersuchung	--	64	ja

Der Ritt von A-Z

Nun ist es so weit. Sie haben zu Fuß bereits erste Distanzluft geschnuppert, das gültige Reglement studiert und sich und Ihr Pferd soweit trainiert, dass Sie glauben, an einem Distanzritt teilnehmen zu können. Wie geht's?

Eine Terminliste erhalten Sie beim Verein Deutscher Distanzreiter. Wählen Sie für Ihren ersten Ritt nicht gleich eine schwere Bergdistanz, sondern fahren Sie lieber einige Kilometer mehr, um auf einer einfacheren Strecke Erfahrungen zu sammeln. Fordern Sie beim Veranstalter eine Ausschreibung an, der Sie alle notwendigen Informationen entnehmen können.

Ein Trossfahrer ist nicht unbedingt notwendig, erleichtert das Leben aber ungemein.

Wichtig sind zum Beispiel die Zahl und die Art der Pausen, das Tempo und die Höchstzeit. Die Wertung von Einführungsritten erfolgt in Leistungsklassen oder nach einer Punktewertung aus Zeit, Pulswerten oder Sonderprüfungen, kurze Distanzritte können auch nach Zeit gewertet werden (Tempo frei). Während hier der schnellste Reiter siegt, macht es bei einer Wertung nach Leistungsklassen keinen Sinn, schneller als das verlangte Tempo zu reiten.

Schicken Sie Ihre Nennung frühzeitig ab. Viele Veranstalter haben eine begrenzte Teilnehmerzahl.

Die Tage vor dem Ritt sollten Sie Ihr Pferd nur leicht bewegen. Es soll nun Energien sammeln, für einen Trainingseffekt ist es nun ohnehin zu spät. Machen Sie zuhause einen letzten Gesundheitscheck und kontrollieren Sie es nochmals auf Lahmheiten. Planen Sie Ihre Anfahrt rechtzeitig, so dass Sie nicht in Zeitdruck geraten. Packen Sie Ihre Utensilien zuhause in Ruhe. Was Sie dabei haben sollten, ersehen Sie aus der Checkliste (siehe Seite 30).

Nachdem Sie Ihr Pferd ausgeladen und in Ihrem mitgebrachten E-Zaun-Paddock untergebracht haben, erhalten Sie in der Meldestelle Ihre Unterlagen: Check-Karte, Streckenkopie (wenn Sie einen Begleiter haben, eine zweite für das Fahrzeug), Startzeit, Zeitplan und eventuell weitere Informationen. Da der Verlust der Check-Karte zum Ausschluss führen kann, sollten Sie sie gut verwahren. Gehen Sie mit Ihrem geputzten Pferd rechtzeitig zur Voruntersuchung. Hier sollten Sie es warmge-

Der Trossfahrer muss ebenfalls über Kartenkenntnisse verfügen, damit er geeignete Crewpunkte finden kann.

führt, aber ohne Sattel und Gamaschen vorstellen. Im Idealfall hat Ihr Pferd zwischen der Fahrt und der Voruntersuchung Zeit zur Regeneration. Mit Pferden, die sich im Hänger aufregen, sollten Sie in Absprache mit dem Veranstalter schon einen Abend vorher anreisen.

Es ist vernünftiger, notfalls allein sein trainiertes Tempo zu reiten als sich von anderen ziehen zu lassen und so sein Pferd zu überfordern.

Ist alles in Ordnung, steht Ihrem Start nichts mehr im Wege. Satteln Sie Ihr Pferd zeitig und wärmen Sie es auf. Erscheinen Sie einige Minuten früher am Start, eine Verspätung geht zu Lasten Ihrer Reitzeit.

Falls Sie einen Helfer dabei haben, sollten Sie mit ihm gemeinsam rechtzeitig das Trossauto packen, damit Sie wissen, wo welche Dinge verpackt sind. Ihr Fahrer sollte sich mit der Streckenkarte vertraut machen, Fahrtroute und Crewpunkte eintragen und die Karte mit einer normalen Straßenkarte vergleichen. Er darf die Strecke nur an öffentlichen Straßen anfahren und keine anderen Reiter behindern. Das Betreuen aus dem fahrenden Auto und das Antreiben des Pferdes durch Dritte ist verboten.

Im Stopp sucht man sich am besten einen Platz mit Gras.

Die Vorbesprechung: Hier erhalten Reiter und Trossfahrer wichtige Informationen über den Streckenverlauf und die Markierung. Nehmen Sie Ihre Streckenkarte mit und tragen Sie sich eventuelle Bemerkungen in Ihre Karte ein. Notieren Sie auf jeden Fall die Notrufnummern. Machen Sie sich darauf gefasst, dass Ihr Pferd am Start aufgeregt sein wird und die Strecke vielleicht etwas schneller angehen möchte. Es weiß ja nicht, was es erwartet. Versuchen Sie von Anfang an, Ihr trainiertes Tempo zu reiten. Die Energie, die Ihr Pferd jetzt verschleudert, wird ihm vielleicht am Ende des Rittes fehlen. Lassen Sie sich nicht von schnelleren Reitern irritieren. Ihr Ziel ist es, mit gesundem Pferd in die Wertung zu reiten. Denken Sie daran, Ihr Pferd unterwegs so oft wie möglich zu tränken. Wenn Sie sich verreiten, müssen Sie dorthin zurückreiten, wo Sie die Strecke verlassen haben.

Beim Kühlen der Beine kann man das Pferd auch gleich auf Verletzungen kontrollieren.

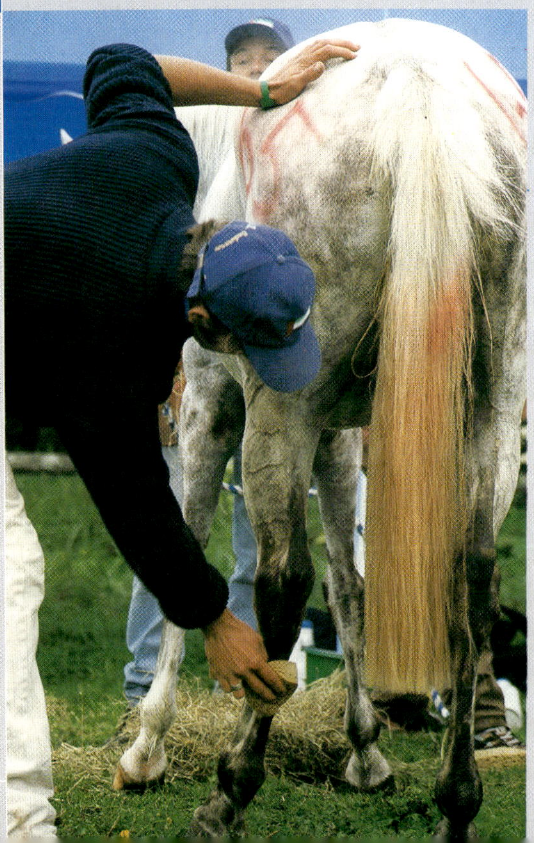

Tipp

Vor dem Messen des Pulswertes sollt Ihr Pferd nicht fressen, da sonst der Wert höher liegen könnte. Auch eine volle Blase kann sich ungünsti auf die Werte auswirken.

Versorgung im Stopp: Reiten Sie den letzten Kilometer vor dem Stop in ruhigem Tempo, Ihr Pferd wird so schneller den Grenzwert erreichen. Während der Tierarztuntersuchung muss die Versorgung des Pferdes unterbrochen werden. Kurz vor dem Messen sollte es nicht mehr fressen, weil

Auf Distanzritten ist man selbst für die Zeiten verantwortlich. Wer die Uhr im Auge behält, kann auch wieder pünktlich auf die Strecke gehen.

dann die Pulswerte höher liegen. Halten Sie mindestens die Hinterhand Ihres Pferdes mit einer Decke warm. Ihr Pferd soll nicht kalt werden, unter der Decke aber auch nicht schwitzen. Tränken und füttern Sie es, waschen Sie mindestens die Beine, bei heißerem Wetter auch Schulter und Hals ab. Unterkühlen Sie es aber nicht - die Haut darf sich nicht kalt anfühlen. Wasser an den großen Muskelpartien der Hinterhand und der Nierengegend ist tabu. Kontrollieren Sie die Hufe, bevor Sie Ihr Pferd vortraben. In der Pause soll sich Ihr Pferd erholen und entspannen. Jeder Handgriff sollte deshalb mit der nötigen Ruhe geschehen. Überprüfen Sie in der Pause Ihr Pferd (Beine, Druckstellen) und Sattelzeug. Gamaschen sollten Sie abnehmen und säubern. Bieten Sie Ihrem Pferd die Möglichkeit zu strahlen und achten Sie auf die Farbe des Urins. Ist er dunkel verfärbt, müssen Sie den Tierarzt konsultieren. Machen Sie sich und Ihr Pferd wieder rechtzeitig klar zum Abritt und bewegen Sie es vorher im Schritt. Hat Ihr Pferd bisher nicht getrunken, so bieten Sie ihm nach dem Stopp dazu Gelegenheit. Viele Pferde nehmen gerne Wasser, wenn sie vorher gefressen haben.

Hand in Hand ins Ziel heißt bei Distanzreitern, dass sie gemeinsam platziert werden möchten.

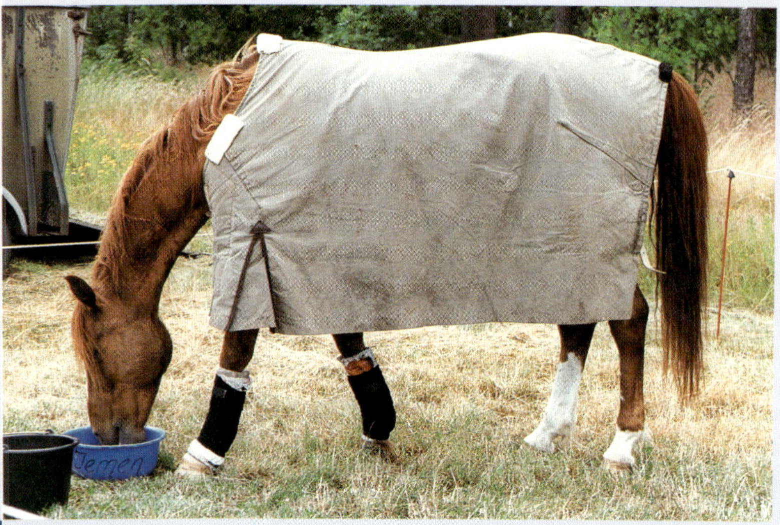

Nach dem Ritt bedarf das Pferd besonderer Pflege und Aufmerksamkeit.

Nach dem Erreichen des Ziels werden sofort die Eingangswerte genommen. Nach 20 Minuten müssen Sie Ihr Pferd erneut zum Nachmessen vorstellen, jetzt darf der Puls höchstens 64 betragen. Die Zeit vor dem Nachmessen sollten Sie zum Abkühlen nutzen, es eingedeckt ruhig führen. Hat es beim Nachmessen den erforderten Grenzwert erreicht, müssen Sie es auf Einführungsritten, kurzen und mittleren Distanzen zwei Stunden nach Zieleinlauf zu einer Nachuntersuchung vorstellen. In dieser Zeit versorgen und kontrollieren Sie Ihr Pferd, waschen und putzen Sie es, inspizieren den Beschlag, lassen es bei Raufutter und Wasser im Paddock entspannen. Decken Sie es ein und kühlen Sie die Beine, indem Sie sie mit einem nassen Polster bandagieren. Als Pflegemittel ist während der ganzen Veranstaltung nur Wasser erlaubt. Hat Ihr Pferd eine Verletzung, dann müssen Sie den Tierarzt fragen, ob Sie die Stelle behandeln dürfen.

Zur Nachuntersuchung sollten Sie Ihr Pferd warm geführt, geputzt und ohne Bandagen vorstellen. Kratzen Sie vorher die Hufe aus. Die Nachuntersuchung ist Bestandteil des Wettbewerbes und gilt als bestanden, wenn der Tierarzt das Pferd für weitere 20 Kilometer reittauglich erklärt - erst dann wird der Ritt gewertet. Nun hat Ihr Pferd Ruhe im Paddock verdient. Decken Sie es wieder ein und bandagieren Sie die Beine zur Prophylaxe mit trockenen Polstern. Durch die Wärme

Erst bei der Nachuntersuchung zeigt sich, ob man den Ritt in der Wertung beendet hat.

werden Microschäden schneller „repariert". Erst jetzt dürfen Sie ihrem Pferd eine kleine Portion Kraftfutter reichen.

Die Nachuntersuchung dient als Transportfreigabe. Erst dann darf das Pferd abtransportiert werden, bei langen Distanzritten erfolgt die Transportfreigabe erst am nächsten Tag. Wurde Ihr Pferd aus der Wertung genommen, so müssen Sie es dennoch zur Transportfreigabe den Tierärzten vorstellen. Liegen keine metabolischen Probleme vor, werden Sie sie sicher auch früher erhalten.

Bei den meisten Ritten wird die Siegerehrung mit Pferd an der Hand durchgeführt. Klar, dass es nun sauber geputzt sein sollte. Auch in der Zeit zwischen Nachuntersuchung und Siegerehrung dürfen Sie Ihr Pferd nur mit Wasser behandeln.

Haben Sie einen langen Transportweg nach Hause, so sollten Sie diesen vielleicht erst am nächsten Tag antreten, damit sich das Pferd erholen kann. Auch zuhause müssen Sie Ihr Pferd noch aufmerksam beobachten, ob auch alles in Ordnung ist. Es soll sich nun ausreichend regenerieren können. Gönnen Sie ihm Weidegang, gehen Sie mit ihm am Tag nach dem Ritt spazieren oder bewegen Sie es leicht im Schritt.

In Deutschland ist es auf nationalen Ritten üblich, das Pferd zur Siegerehrung an der Hand mitzubringen.

Tipp

Auch nach der Siegerehrung sollte man dem Pferd Pflege zukommen lassen. Aufgrund der Anstrengung könnte es zum Beispiel leichter frieren als sonst. Es empfiehlt sich zudem, die Beine bis zum nächsten Morgen mit einem Polster zu bandagieren, um Spätfolgen wie Gallen vorzubeugen.

Checkliste

An Pferd und Reiter:

- Sattel mit Satteldecke und Gurt
- Zaumzeug
- eventuell Vorderzeug und/oder Schweifriemen
- Schwamm
- Schnur/Riemen zum Flicken
- Taschenmesser
- Hufkratzer
- Kartentasche oder Klarsichthülle für die Streckenkarte, Stift, Kompass
- eventuell Pulsmessgerät
- eventuell Anbindevorrichtung am Kopf des Pferdes, Pferdedecke
- Reithelm oder Hut
- Regenmantel
- Uhr
- Handschuhe
- Handy (mit notierten Notrufnummern)

Zur Unterbringung des Pferdes:

- E-Zaun-Paddock mit Litze und Stromgerät
- trockener Satz Decken inklusive Regendecke
- Futter

Im Trossfahrzeug:

- gefüllte Wasserkanister
- Tränkeimer und Trichter zum Zurückfüllen des Wassers
- Futtereimer
- Wascheimer mit Schwamm und Schweißmesser
- mehrere Decken unterschiedlicher Dicke
- Regendecke
- Fliegenschutz
- Deckengurte
- Putzzeug
- Handtücher
- Beschlagswerkzeug und Ersatzbeschlag
- Futtereimer mit Nägeln
- Bandagen und Bandagenpolster
- Halfter und Strick
- Futter: Heu/Silage, eventuell leicht verdauliches Kraftfutter, Möhren, Äpfel und anderes Saftfutter
- Ersatzausrüstung fürs Pferd: Gurt, Satteldecke, Steigbügel, Steigbügelriemen, Zaumzeug und Zügel
- Für den Reiter: Ersatzkleidung und -schuhe Sonnenschutzcreme
- Erste-Hilfe-Ausrüstung für Pferd und Reiter, aber keine Kanülen, keine Behandlung ohne Rücksprache mit dem Tierarzt!
- Getränke für den Reiter: Apfelsaftschorle naturtrüb 1:3 (Saft/Wasser)
- Verpflegung für den Reiter: Müsliriegel, Bananen, Nüsse, Trockenobst

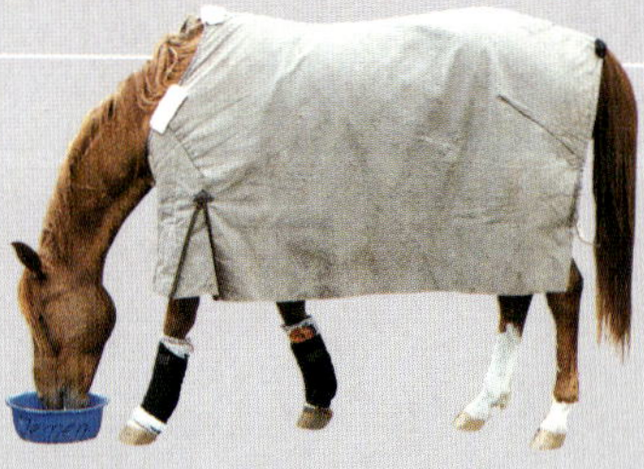

Schlusswort

Auch auf kurzen Distanzritten verlangen Sie von Ihrem Pferd Leistung. Meist erfordert dies ein Umdenken. Denn ein Pferd kann nur dann dauerhaft und ohne Schaden zu nehmen Leistung erbringen, wenn es in punkto Pflege, Training, Fütterung und Haltung optimal versorgt ist. Nur dann degradieren Sie es nicht zu einem Sportgerät, sondern behandeln es als das, was es ist: als Partner Pferd.

Weitere Informationen, Termine und das Reglement erhalten Sie bei:

Verein Deutscher Distanzreiter und -Fahrer e.V.
Habichtstraße 77, 45527 Hattingen
Tel. 0224/23841, Fax 02324/54191,
e-mail: GSVDD@t-online.de

Glossar

Check-Karte
Wird an der Meldestelle ausgehändigt und ist vom Reiter beim Ritt und zu allen Untersuchungen mitzuführen. Eingetragen werden Zeiten, Werte und Untersuchungsergebnisse. Der Verlust kann zum Ausschluß führen.

Einzelstart
Jeder Reiter startet im Abstand von wenigen Minuten.

Geläuf
Bodenbeschaffenheit der Strecke.

Gleitender Start
Die Reiter starten allein oder in Gruppen in loser Folge im Abstand von wenigen Minuten.

Gruppenstart
Start von mehreren Reitern zur gleichen Zeit, die vom Veranstalter festgelegt wurde. Wünscht man mit einem anderen Reiter zusammen zu starten, so bittet man den Veranstalter bereits auf dem Nennungsformular um eine gemeinsame Startzeit.

Höchstzeit
Maximal erlaubte Reitzeit.

Konditionspreis
Auszeichnung der Tierärzte für das Pferd, das unter Berücksichtigung einer schnellen Zeit den besten Eindruck gemacht hat.

Leistungsklassen
Platzierung in Gruppen nach Reitzeit. Z.B. bis T 5,5 = LK1, T 5,5 - 6,5 = LK2, T 6,5 - T 7,5 = LK3 etc.

Massenstart
Gemeinsamer Start aller Reiter. Vorwiegend auf langen Distanzen.

Mindestalter Pferd
Laut Reglement und vom Veranstalter festgesetztes Alter des Pferdes als Teilnahmevoraussetzung.

Mindestalter Reiter
Laut Reglement und vom Veranstalter festgesetztes Alter des Reiters als Teilnahmevoraussetzung.

Nachuntersuchung
Letzte Tierarztuntersuchung, die über den Verbleib in der Wertung entscheidet.

Reitzeit
Tatsächlich benötigte Zeit abzüglich aller Zwangspausen.

Rittarten
Einführungsritt (EFR):
25-39 km, Mindestalter Pferd 5 Jahre, Wertung in Leistungsklassen oder nach einer Punktwertung aus Zeit, Puls und/oder Sonderprüfungen.
Kurzer Distanzritt (KDR):
40-59 km, Mindestalter Pferd 6 Jahre, Wertung in Leistungsklassen, Zeit oder nach einer Punktwertung aus Zeit, Puls und/oder Sonderprüfungen.
Mittlerer Distanzritt (MDR):
60-79 km, Mindestalter Pferd 6 Jahre, Wertung nach Zeit.
Langer Distanzritt (LDR):
ab 80 km, Mindestalter Pferd 7 Jahre, Wertung nach Zeit.
Mehrtagesritt (MTR):
Über mehrere Tage dauernder Wettbewerb.
Kartenritt:
Distanzritt ohne Markierung.

Streckenkarte
An der meldestelle ausgehändigte Kopie der zu reitenden Strecke. Maßgeblich bei fehlender Markierung.

Tempoangabe
Reitgeschwindigkeit, siehe S. 22.

Tempo begrenzt
Festgesetztes Mindest- und Höchsttempo zur Einteilung in Leistungsklassen (LK). Zum Erreichen der LK1 darf kein schnelleres Tempo als T 5 gefordert werden.

Tempo frei
Wertung nach Zeit.

Transportfreigabe
Untersuchung des Pferdes durch den Tierarzt vor dem Abtransport. Ist auch für Pferde, die aus der Wertung genommen wurden, bindend.

Troß
Den Ritt im Auto begleitender Betreuer/Helfer.

Vorbesprechung
Besprechung vor dem Start mit wichtigen Informationen.

Voruntersuchung
Erste Untersuchung des Pferdes zur Startfreigabe.

Impressum

Gestaltung und Satz: Ravenstein Brain Pool, Berlin
Fotos: Cornelia Koller
Druck: Westermann Druck, Zwickau

Printed in Germany.

ISBN 3-86127-248-2